SAGGI

Luciano Anceschi

LE POETICHE
DEL NOVECENTO
IN ITALIA

Studio di fenomenologia
e storia delle poetiche

*Nuova edizione accresciuta
e aggiornata*

a cura di Lucio Vetri

Marsilio Editori

© 1990 BY MARSILIO EDITORI® S.P.A. IN VENEZIA

ISBN 88-317-5197-2

Prima edizione: marzo 1990

INDICE

PREFAZIONE

Credo che ci sia qualche cosa di vero se si dice che io ho scritto un solo libro: dall'*Autonomia* (1936) a *Che cosa è la poesia?* (1981) al tentativo di sintesi *Gli specchi della poesia* (1989). Il tema che si ripete in un discorso continuo e che continuamente si riprende è quello della poesia e della critica, una estetica della poesia e della critica nelle loro strutture e istituzioni; il metodo è quello della nuova fenomenologia critica; l'intenzione quella di uscire dai discorsi astratti della poesia, da un discorso più attento alle sue proprie interne coerenze teoriche che alla realtà dell'esperienza vissuta, vivente e protesa a vivere quale la poesia stessa nella sua millenaria e mobilissima realtà ci offre. Il presente volume può essere inteso — anche per la sua interna organizzazione — come un capitolo di questo libro unico, di questo sforzo di garantire la teoria attraverso l'esperienza diretta della poesia e, nello stesso tempo, di ordinare, senza vincolarla, l'esperienza diretta della poesia in un organismo comprensivo.

L'intento generale del lavoro qui proposto consiste appunto nel tentare i lineamenti di una storia delle poetiche del Novecento secondo un trattamento per cui la storia non appaia dogmatica, pregiudicata, forzata secondo un *senso* prestabilito, anzi sia tale da offrire il proprio senso *attraverso le cose*, e perciò attenta a quei *rilievi strutturali*, garantiti volta a volta da precisi *referenti di situazione* che ci avvicinano il più possibile alla singolarità autentica dei significati negli orizzonti particolari interessati. Nello stesso tempo, tale storia vuole essere non astratta, non irrelata, anzi aperta ad un ampio movimento di relazioni organiche, e in particolare a quelle — al cui risalto si è data qualche cura — delle poetiche del *Novecento* con quelle della «fine del secolo».

Storia delle *poetiche*, e delle poetiche del *Novecento*. Quanto alla nozione di Novecento, va detto subito che con tale indice qui s'intende circoscrivere il periodo 1905-1945, quello, d'altronde, che, per quanto riguarda il nostro paese, vien anche posto sotto il nome di «lirica del Novecento»; quanto alle poetiche, alle poetiche di quegli anni, basti qui preliminarmente considerare come carattere del tempo sia stato un veloce, acuto, e sempre produttivo succedersi delle *artes* in una inquietudine senza limiti. Molte, successive e contemporanee, le poetiche; non si trattò, per altro, di una varietà discontinua, stravagante, insensata come a tutta prima può apparire. Anzi, a guardar bene, tale varietà porta in sé un *senso* comprensivo dei suoi vari aspetti particolari; tale *senso* si colloca in un punto d'incontro tra ciò che diciamo «poesia» e ciò che diciamo «cultura»; infine, tale punto d'incontro può anche esser trovato nel rilievo delle relazioni in cui si muove l'ordine degli *istituti letterari* — dico, per esempio, l'*analogia allusiva* o l'*emblematica oggettiva* — che percorre e coordina — di ciò appunto tra l'altro si argomenta nello studio — con sufficiente coerenza e secondo talune direzioni costanti il movimento della poesia.

Per quel che riguarda i risultati storici e le conclusioni teoriche della ricerca si vedano al loro luogo. In ogni modo, se è vero che l'indagine appare tutta contesta di *rilievi strutturali* intesi a far emergere, volta a volta, nei loro significati, vari *sistemi di poetica* che hanno agito nel secolo con i loro principi, ideali, precetti, converrà qualche specifica indicazione di metodo. Prima di tutto, a sgombrare certi equivoci, alcune considerazioni per via negativa. E, cioè: (A) i procedimenti dei rilievi di poetica *non* van confusi con i procedimenti della critica di poesia. Tra le due attività ci son rapporti anche stretti, ma esse sono orientate per diversi scopi. I rilievi si propongono il riconoscimento dell'infinito prodursi, muoversi, connettersi, distinguersi, e anche trionfare e decadere dei sistemi di poetica, del loro mutare, volta a volta, secondo le diverse situazioni di cultura in cui si significano; la critica di poesia tende, invece, a fondare un criterio di valutazione che operativamente garantisca il giudizio in rapporto ad una particolare situazione di cultura, ad un definito orizzonte di scelta. In secondo luogo (B), il procedimento dei rilievi implica un rifiuto preliminare: il rifiuto di quei Modelli Estetici Generalissimi che si presentano come Assoluti e Definitivi, ed esigono il confronto con tutte le idee estetiche particolari, giungendo facilmente per esse ad una denunzia di *deficit*. Siffatto procedimento, pressoché di rigore nella nostra cultura, non solo rischia di concorrere con altre remore a soffocare la ricchezza, la varietà, la molteplicità delle tendenze, dei movimenti, delle correnti, ma porta anche ad una maniera di riduzione incomprensiva, ad una storiografia parziale. E conviene poi far conto di tutta una critica, ricca di motivazioni teoriche, al riconoscimento di universale validità che tali Modelli esigono; non ignorando, invece, il diritto che essi hanno ad una ricerca della loro effettiva «portata» ideale. In terzo luogo (C), anche se i due piani possono nel fatto esser distinti con un nitido taglio, lo studio delle Poetiche implica procedimenti *diversi* da quello delle Estetiche. Le estetiche che si presentano come filosofiche assumono il loro pieno significato entro un orizzonte d'intenzione teorico-sistematica, tendono al limite ad un sistema in cui il senso della esteticità — anche se riconosciuto in una sua particolare maniera di autonomia — deve essere oltrepassato per essere inteso: e, di fatto, esso è comprensibile solo entro i referenti del Sistema particolare in cui si significa. In qualche modo, dunque, dipende dal Sistema. Pertanto, appare illegittimo un rilievo dei principi estetici che non sia nello stesso tempo anche rilievo delle altre forme in cui si articola il sistema. Le poetiche, invece, hanno un loro significato entro un orizzonte prammatico; ed è caratteristico che esse in generale, qualunque sia il tipo del loro orientamento, tendono a convogliare tutti gli aspetti della realtà per modo che essi si ordinino a render l'arte sempre più consapevole di sé e del suo fare nella situazione in cui si trova. Se le Estetiche portano in qualche modo il senso dell'arte *entro* un sistema, le Poetiche coordinano un sistema per i fini dell'arte.

E, dunque, i rilievi strutturali dei sistemi di poetica? Tali rilievi, come si è visto, non si riducono ai procedimenti della *critica di poesia* (A); e neppure accettano di essere eseguiti per rapporto e paragone con *Modelli Assoluti* specifici (B); per struttura, poi, son distinti nettamente dai modi che si usano nei rilievi dei principi delle *estetiche filosofiche* (C). In realtà, essi si esercitano secondo operazioni complesse e delicate in cui ha il suo peso l'intervento della sensibilità intellettuale di chi fa il rilievo. In questi casi, giova molto l'esempio, il lavoro in comune. Ora, proprio nel loro allargarsi da Carducci ad Ungaretti, a Montale, le *Poetiche del Novecento* mostrano diversi esempi di metodo secondo diverse occasioni convenienti a rilevare, penetrandole, le strutture di un pensiero articolato intorno all'idea di poesia. I *rilievi*. Se è vero che si riconosce una poetica in quel tipo di riflessione interna all'arte in cui una diretta esperienza si riflette in *istituzioni* che sono ordinate o possono essere ordinate secondo una definita (anche se implicita, talora) *nozione dell'arte*, ebbene l'impegno è di far emergere i principi, gli ideali, i precetti che essa propone. I rilievi sono appunto i procedimenti che si esercitano per tale còmpito, e si esercitano, caso per caso, in diversi modi: o considerando i trattati e l'opera critica del poeta in rapporto al fare; o traendo questi principi da affermazioni o allusioni della poesia; infine, esplicitando un'idea di poetica dai modi stessi in cui la poesia in quanto poesia si presenta organizzata. In ogni caso, il discorso delle poetiche vuole sempre esser *tradotto in termini operativi*; e proprio qui se l'operatività non sia, come non può essere, azione irrelata ed astratta, proprio qui si chiariscono, da un lato, taluni aspetti del rapporto tra *poesia* e *cultura*, mentre, d'altro canto, si definiscono in generale i limiti entro cui le *istituzioni* possono contribuire alle scelte espressive. Proprio questo ordine — troppo dimenticato — degli istituti offre il tessuto (e si vedano le *Conclusioni*) in cui in modo liberissimo s'intrecciano tali difficili trame.

Lo studio appare diviso in quattro parti: una *prima parte* riguarda quel periodo che si usa ormai nel linguaggio critico indicare con «fine del secolo» nel suo aspetto di stretto condizionamento positivista tra l'*ars* carducciana e l'immaturo simbolismo protestatario degli *Scapigliati*; una *seconda parte* studia ciò che, con un senso particolare, indichiamo come l'*irrazionalismo* della «fine del secolo», quando tenta di farsi a suo modo *positivo*, di offrire una norma di vita e di conoscenza, nelle figure emergenti del Pascoli e del D'Annunzio, e in particolare nelle loro dottrine poetiche. La *terza*, e più ampia, *parte*, infine, esamina quelle che propriamente diciamo le poetiche — della poesia letteraria — del Novecento, dai «crepuscolari» agli «ermetici», da Gozzano ai *Lirici Nuovi*. Da ultimo, una *Premessa* su ciò che potremmo dire la disfatta e il riscatto delle poetiche nel pensiero del nostro secolo in Italia, e alcune *Conclusioni* sui risultati storici, e soprattutto dottrinali (specie sul significato delle istituzioni e sulla tecnica dei rilievi) indicano il senso fenomenologico dell'indagine qui tentata, e proposta.

Il libro, con l'odierna uscita nei «Saggi» della Marsilio, giunge alla sua quinta edizione. E vale forse ricordare che la prima, apparsa nel 1962 presso Marzorati, rielaborava ampiamente e sotto vari aspetti — sia per la dichiarazione di alcune prospettive teoriche sia per certi chiarimenti e svolgimenti nella trattazione storiografica — uno studio steso negli anni 1959-61 e preparato per contribuire a *Momenti e problemi di storia dell'estetica* (Milano, 1961, vol. IV, pp. 1581-1732); e varrà pure ricordare che la quarta edizione, pubblicata da Paravia nel 1972, apparve in gran parte rifatta negli apparati.